I0796447
¡Saludos, grandes camiones!
TRANS
CHICAGO
TRUCK GROUP
1

LOS GRANDES CAMIONES

QUINN M. ARNOLD

CREATIVE EDUCATION | CREATIVE PAPERBACKS

¡SOY GRANDE Y ESTOY AL MANDO!

Índice

Publicado por Creative Education y Creative Paperbacks
P.O. Box 227, Mankato, Minnesota 56002
Creative Education y Creative Paperbacks
son sellos editoriales de The Creative Company
www.thecreativecompany.us

Diseño de Graham Morgan
Dirección artística de Blue Design (www.bluedes.com)

Imágenes de Alamy/Joseph Sibilsky, 23; Dreamstime/Luis Viegas, 18-19, Marchello74, 14-15, Mechanik, portada (derecha), 24; Getty Images/Nerthuz, 3, 20-21; Unsplash/Caleb Ruiter, portada (izquierda), 1, Esteban Zapata, portada (centro), 8-9, Ivan Bandura, 16, Jametlene Reskp, 17, Josiah Farrow, 2, Mitchell Luo, 6-7; Shutterstock/Michael Shake, 4, Troyan, 13, Rob Wilson, 10-11

Library of Congress Cataloging-in-Publication Data
Names: Arnold, Quinn M., author.
Title: Los grandes camiones / by Quinn M. Arnold.
Other titles: Big rigs. Spanish
Description: Mankato, Minnesota : Creative Education and Creative Paperbacks, [2025] | Series: Maravillas | Includes index. | Audience: Ages 4-7 | Audience: Grades K-1 | Summary: "An engine-revving introduction to big rigs, this transportation book for beginning readers features eye-catching photographs, humorous captions, and basic facts about the freight-carrying trucks. This Spanish text includes a labeled vehicle guide, glossary, and index"-- Provided by publisher.
Identifiers: LCCN 2024021874 (print) | LCCN 2024021875 (ebook) | ISBN 9798889895251 (library binding) | ISBN 9781682777244 (paperback) | ISBN 9798889895312 (ebook)
Subjects: LCSH: Tractor trailer combinations--Juvenile literature. | Trucking--Juvenile literature. | CYAC: Tractor trailers. | Trucking. | LCGFT: Instructional and educational works.
Classification: LCC TL230.15 .A76618 2025 (print) | LCC TL230.15 (ebook) | DDC 629.224--dc23/eng/20240604
LC record available at https://lccn.loc.gov/2024021874
LC ebook record available at https://lccn.loc.gov/2024021875

Impreso en China

Los grandes camiones son camiones de gran tamaño. Circulan por las **carreteras**. Transportan cargas pesadas.

¡ABRÓCHATE EL CINTURÓN!
TRANS
ALIMENTOS

Un gran camión tiene dos partes. La parte delantera es el **tractor**. En ella está la cabina, donde se sienta el conductor.

La parte trasera de un camión es el remolque. Es muy largo. El remolque lleva la carga del camión.

Normalmente hay un sólo conductor. Pero a veces hay dos. Dos personas pueden turnarse para conducir.

¿TIENES SUEÑO?
NO. ¡HAMBRE!

ESTA CARGA ESTÁ ATADA CON CORREAS DE TRINQUETE.

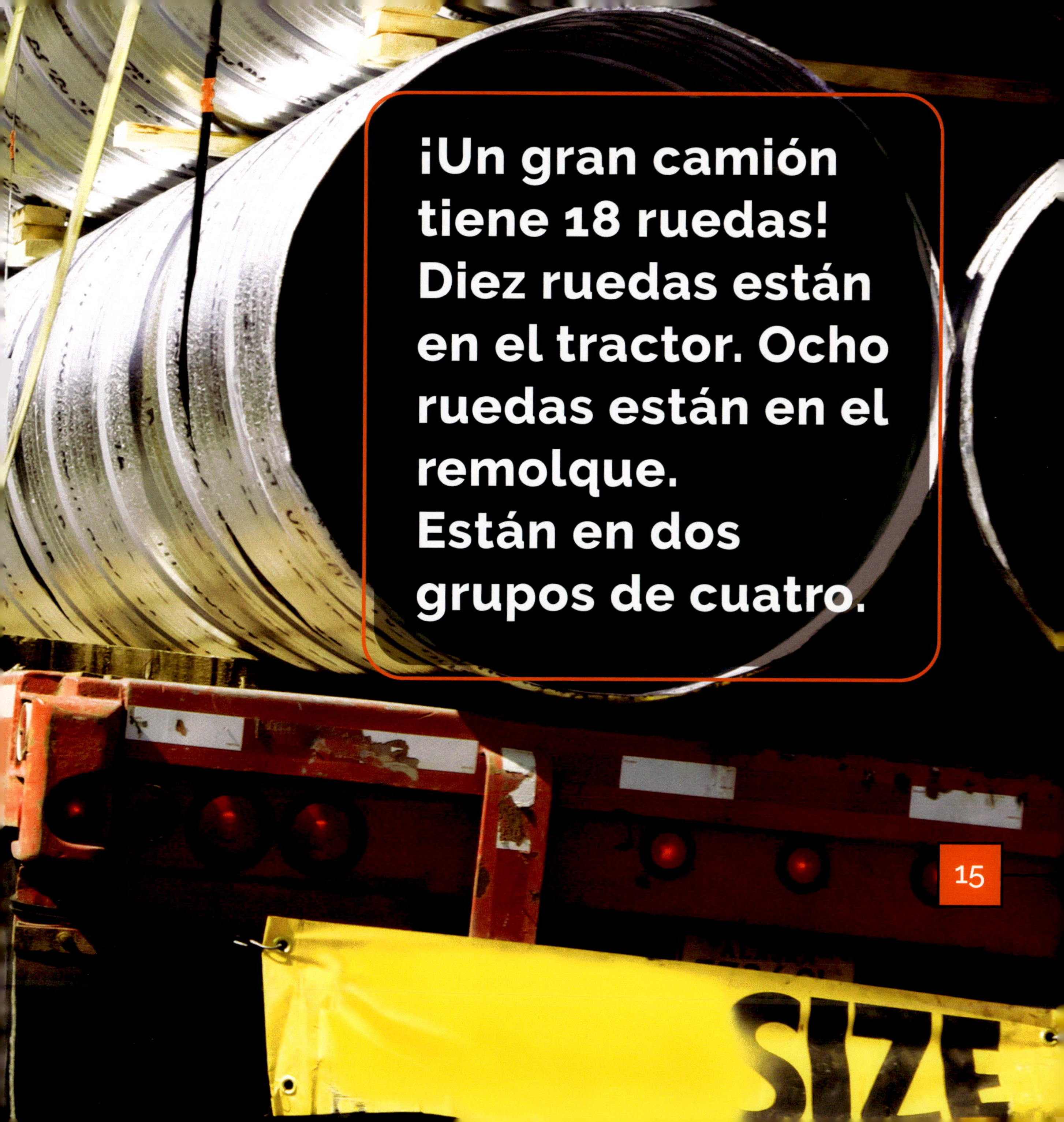

¡Un gran camión tiene 18 ruedas! Diez ruedas están en el tractor. Ocho ruedas están en el remolque. Están en dos grupos de cuatro.

Los grandes camiones transportan **mercancías**. Van de ciudad a ciudad.

LCI
EUROLOMA

UF. ¡HA SIDO UN VIAJE MUY LARGO!

¡Adiós, grandes camiones!

[Imagina un gran camión]

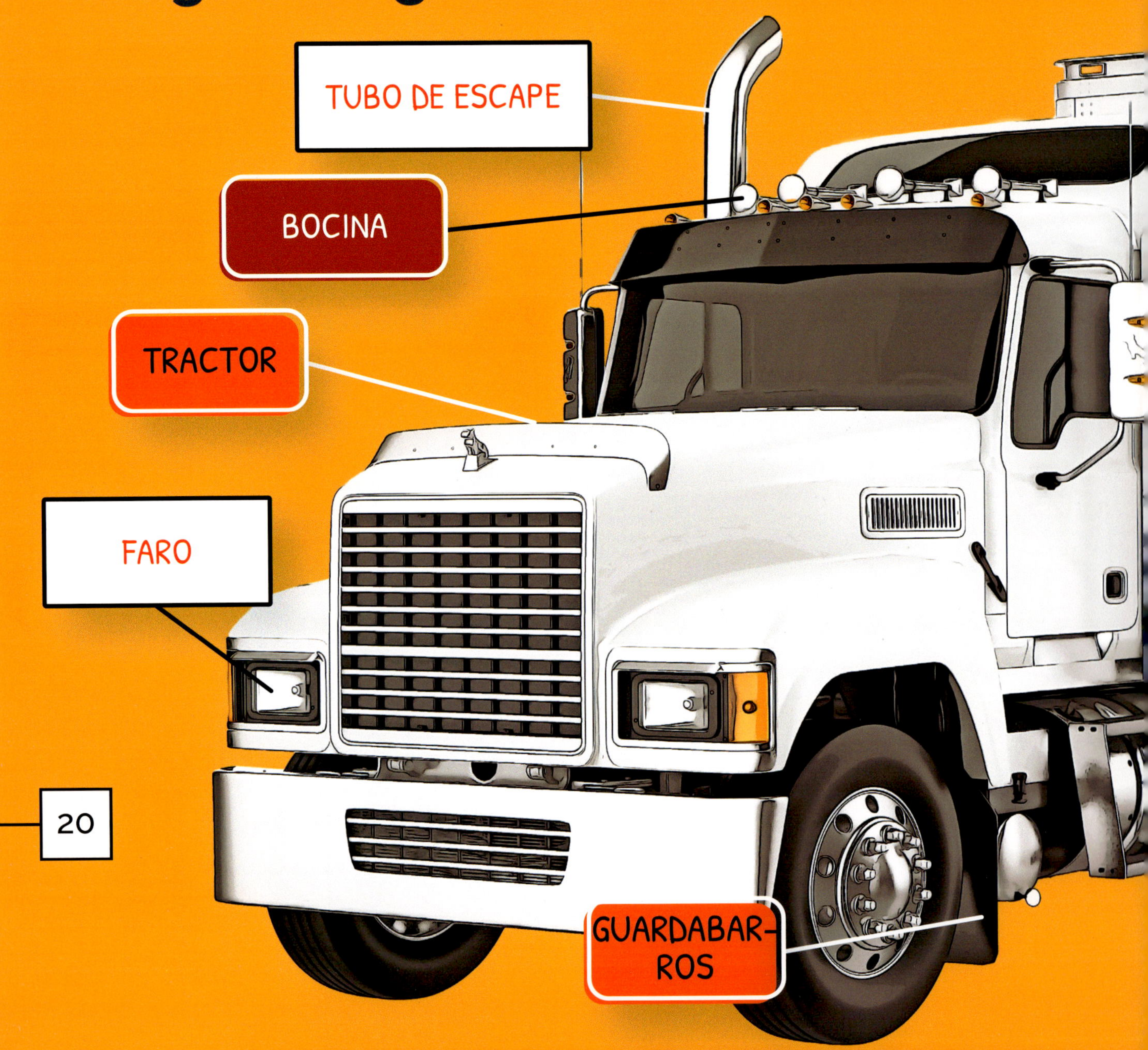

REMOLQUE
RUEDA

PALABRAS QUE DEBES CONOCER

carretera: donde viajan los camiones entre las ciudades

mercancías: cosas que la gente puede comprar en una tienda, como alimentos, aparatos electrónicos o ropa

tractor: un camión corto formado por una cabina donde se sienta el conductor

19
MPH
R
N
D

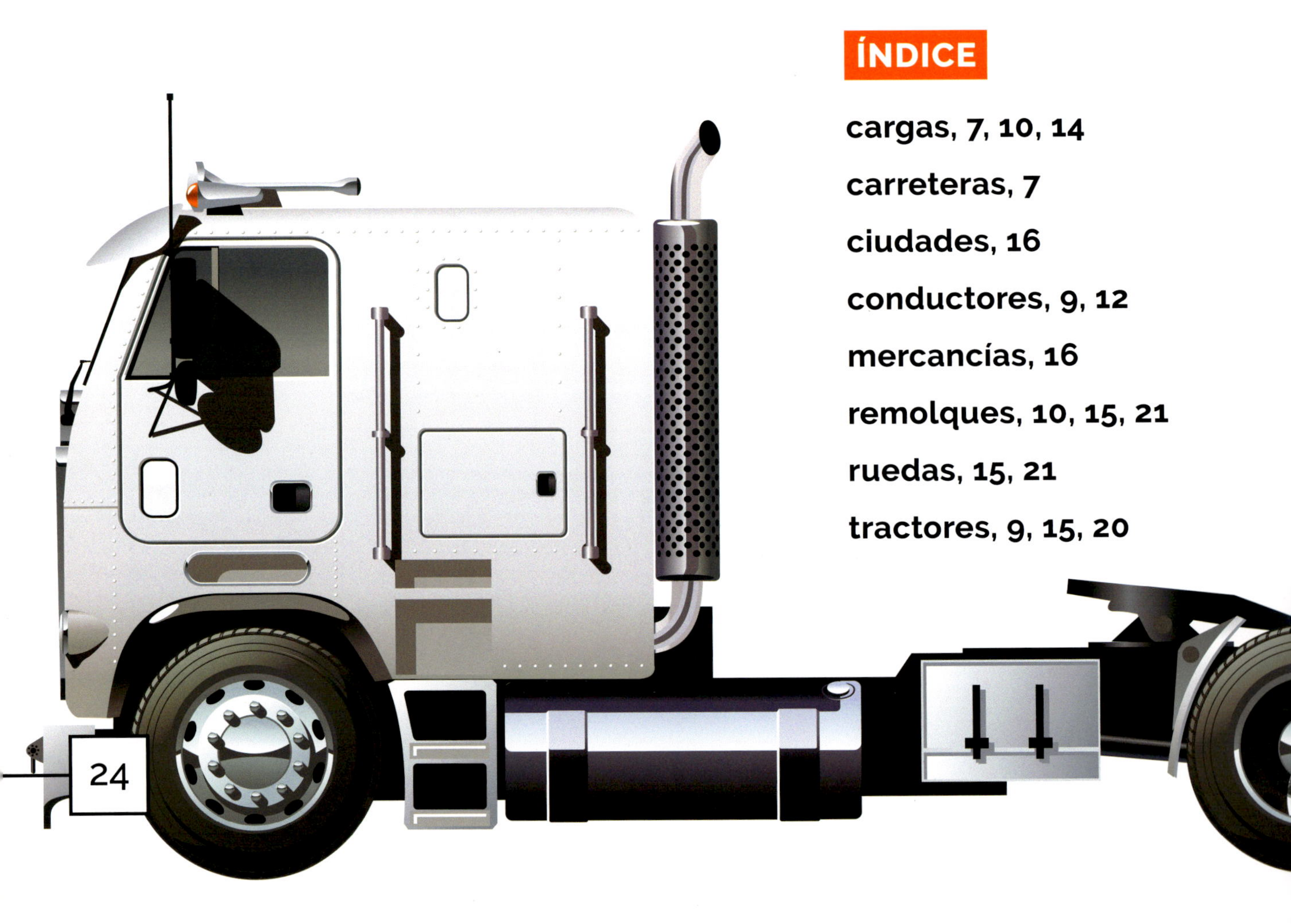

ÍNDICE